RAPPORT

SUR

LE CONCOURS DE POÉSIE

PRÉSENTÉ A LA SOCIÉTÉ D'ÉMULATION DE CAMBRAI

DANS LA SÉANCE PUBLIQUE DU 16 AOUT 1865

par M. A. HATTU.

CAMBRAI

TYPOGRAPHIE DE L. CARION, RUE DE NOYON, 9.

—

1865

RAPPORT SUR LE CONCOURS DE POÉSIE.

RAPPORT

SUR

LE CONCOURS DE POÉSIE

PRÉSENTÉ A LA SOCIÉTÉ D'ÉMULATION DE CAMBRAI

DANS LA SÉANCE PUBLIQUE DU 16 AOUT 1865

par M. A. HATTU.

CAMBRAI

TYPOGRAPHIE DE L. CARION, RUE DE NOYON, 9.

—

1865

RAPPORT SUR LE CONCOURS DE POÉSIE

Messieurs,

Si depuis longtemps vous n'aviez fait justice de cette prétention du matérialisme qui consiste à dire que la poésie est morte parce que les matérialistes en ont étouffé le germe dans leurs cœurs pour échapper à toute influence autre que celle de leurs sens, le concours dont j'ai à vous entretenir aujourd'hui en serait le plus éclatant démenti.

En effet, Messieurs, si parfois un nombre plus considérable de pièces de poésie ont brigué vos couronnes, jamais vous n'en avez trouvé autant à récompenser et rarement vos palmes ont été mieux méritées, jamais plus de poètes vraiment dignes de ce nom ne sont entrés dans la lice ouverte par vos soins, jamais par conséquent la poésie n'a mieux affirmé son existence que dans la solennité qui nous réunit.

Non les dieux ne sont point partis, non la poésie n'est pas morte, en vain ses détracteurs prétendent qu'elle n'a plus d'objet dans ce siècle de lumière et d'invention ; qu'elle ne peut plus aspirer à nous transporter en esprit *par de là les monts et les mers* depuis que la vapeur nous y conduit réellement en moins de temps qu'il n'en faut pour lire un poème, que ses prosopopées sont inutiles depuis que l'électricité fait converser ensemble les deux extrémités du globe, enfin et surtout depuis que la navigation aérienne nous promet des trains de plaisir pour visiter les sommets du *Pinde*.

Non, tant qu'il restera des cœurs jeunes et amoureux du bien, du vrai, du beau, la poésie ne mourra point, seulement, étourdie et jalouse peut être des louanges prodiguées à leur dieu par les serviteurs empressés de Plutus, elle s'est retirée dans son sanctuaire, où les fidèles sont seuls admis.

C'est de ce sanctuaire, Messieurs, n'en doutez pas, que vous sont parvenues plusieurs des œuvres qui ont répondu à votre appel. Et comment en douter, en effet, lorsque je vous aurai dit d'après l'avis de votre Commission, qu'il n'y en a pour ainsi dire pas une seule qui ne renferme quelque qualité louable.

Ce caractère, particulier au concours qui nous occupe, a rendu plus difficile encore la tâche qui nous était imposée, en ce sens que dès le début de notre travail il nous semblait impossible d'éliminer aucune des pièces étudiées par nous.

Chacune, en effet, contenait des parties dignes d'être distinguées, et si nous nous sommes décidés à en écarter d'abord quelques-unes, c'est moins à cause de leur manque de mérite propre, que par suite de la très grande valeur de celles qui leur ont été préférées.

Cependant, Messieurs, puisqu'avant tout je vous dois la vérité, je suis obligé de reconnaître que l'absence d'idées poétiques et le prosaïsme de l'expression ont été les causes les plus communes d'exclusion parmi les pièces qui ont disparu de la lice au premier examen. Quant à la facture du vers nous l'avons presque partout trouvée satisfaisante.

Malheureusement, Messieurs, cette dernière qualité est loin d'être suffisante bien qu'elle soit indispensable.

La Poésie précède l'art poétique, a dit un auteur, de

même que l'éloquence devance la rhétorique. Or, qu'est-ce que la poésie? faut il croire avec Lamotte que ce n'est qu'une folie ingénieuse ou bien ne faut-il pas admettre avec un autre écrivain, que c'est l'art de créer avec inspiration? Ecoutons comment André Chenier explique pour ainsi dire cette définition appliquée non seulement à la poésie, mais à tous les arts en général :

« Ainsi donc, dans les arts, l'inventeur est celui
« Qui peint ce que chacun peut sentir comme lui;
« Qui, fouillant des objets les plus sombres retraites,
« Etale et fait briller leurs richesses secrètes;
« Qui, par des nœuds certains, imprévus et nouveaux,
« Unissant des objets qui paraissent rivaux,
« Montre et fait adopter à la nature mère
« Ce qu'elle n'a point fait, mais ce qu'elle a pu faire:
« C'est le fécond pinceau qui, sûr dans ses regards,
« Retrouve un seul visage en vingt belles épars,
« Les fait renaître ensemble, et, par un art suprême,
« Des traits de vingt beautés forme la beauté même. »

Il ne suffit donc pas pour faire de la poésie d'avoir une idée poétique, il faut savoir encore l'exprimer de telle sorte que l'âme se sente élevée, le cœur ennobli et l'esprit éclairé, selon la belle expression de l'un de nos regrettés collègues qui s'acquittait avec tant de charmes de la tache que j'essaie de remplir aujourd'hui, avant que des devoirs de position l'aient séparé de nous (1).

Il n'entre pas dans mon plan de vous faire ici la critique des ouvrages que votre Commission ne signale pas à votre sollicitude, j'aurai, je le crains, à réclamer votre attention en faveur des pièces les plus remarquables, pendant un temps trop long, pour ne pas arriver tout de suite à ce qui fait l'objet principal de ce rapport.

Vous le savez déja, Messieurs, vingt et une pièces de poésie vous ont été adressées avant le 1er juillet, époque fixée pour la cloture du concours. Après cette date fatale, deux pièces vous sont parvenues encore; mais il ne dépendait pas de vous de les admettre à concourir pour cette année, et, fidèles observateurs de votre règlement, vous avez dû les renvoyer à votre prochain concours.

Sur les vingt et une pièces admises, votre Commission après un examen consciencieux, et pour les motifs que j'ai cités plus haut, en a éliminé successivement quinze qui ne pouvaient supporter la comparaison avec celles qu'elle a plus particulièrement signalées à votre attention.

(1) M. Lefrancq, *rapport sur le concours de poésie de* 1849.

Ces dernières portent les titres et les numéros suivants :

N° 1   *La vieille France.*
N° 2   *Les Cygnes.*
N° 13 *Aspirations et Souvenirs.*
N° 17 *La fin du Voyage.*
N° 21 *La poésie de l'Avenir.*
N° 12 *Un Nid d'hirondelles ou la Fraternité.*

Le numéro un ayant pour titre *La vieille France*, et pour épigraphe ces vers de Victor Hugo :

« Prêts à toute besogne, à toute heure, en tout lieu,
« Farouches, ils étaient les chevaliers de Dieu, »

est un poème lyrique composé tout entier à la louange des siècles derniers.

Après avoir invoqué sa muse dans des vers empreints d'une mâle vigueur et parmi lesquels nous remarquerions à peine certaines expressions laissant à désirer au point de vue poétique, l'auteur se transporte en esprit à l'époque de la conquête de l'Angleterre par ce fils de Robert le Diable, Guillaume le-Conquérant que la bataille d'Hastings fit roi.

Ce premier tableau ou plutôt cette ébauche laisse

trop à faire à l'esprit et tombe dans le défaut signalé par Boileau lorsqu'il dit :

« J'évite d'être long et je deviens obscur. »

La première croisade servant à mettre en relief Godefroy de Bouillon qui devint roi de Jérusalem et Raymond de Toulouse, qui refusa deux fois de l'être, termine le second chant. On sent dans cette partie du poème que l'auteur a craint de céder à l'entraînement de son imagination. Les descriptions sont inachevées, les tableaux restent incomplets. On souffre de ne voir que trente vers consacrés à chanter les croisades et la conquête de l'Angleterre.

Sans nous arrêter à l'injuste sévérité avec laquelle l'auteur apprécie la valeur des soldats de notre époque dans le parallèle qu'il établit entre eux et les hommes des siècles qu'il célèbre, passons tout de suite, Messieurs, au IVe chant dans lequel la poésie la plus vraie et les tableaux les plus gracieux viennent rafraîchir le cœur.

Cette partie du poème est incontestablement de beaucoup supérieure à toutes les autres et nous ne pouvons résister au désir de vous en citer quelques passages.

L'auteur tantôt page et tantôt troubadour se croit

transporté au moyen-âge parcourant le monde à la suite d'un paladin quelconque :

« Combien de fois je t'ai rêvé
« Bonheur qui n'est plus de notre âge !
« D'un prince au courage éprouvé
« J'étais compagnon de voyage,
« Nous allions en pèlerinage
« A Rome, aux rives du Jourdain
« Au pays de l'encens d'où sont venus les mages
« Aux portes mêmes de l'Eden.....
« Nous eussions, au besoin, monté jusqu'aux nuages »

Et plus loin :

« Près du vaste foyer dont la flamme brillante
« Se mêlait aux clartés de la cire odorante,
« Après le gai repas du soir,
« Pour plaire aux dames du manoir,
« Je disais des vieux temps quelque histoire touchante :
« Je contais les amours de Renaud, de Roger :
« Je chantais tes exploits, vaillant comte d'Angers,
« Les géants pourfendus, les belles délivrées ;
« Ou bien je peignais les tournois ;
« Là, pages, chevaliers mêlés avec les rois,
« Sous les yeux des plus hautes dames
« Disputaient l'honneur de leurs lames.

Pourquoi faut il que la cinquième partie soit encore une critique acerbe du siècle actuel et de plus une critique inutile qui n'ajoute rien à la pensée.

Ce manque de justice pour notre époque au profit des temps qui ne sont plus, n'aurait pas empêché votre Commission de vous proposer une récompense plus importante pour l'auteur de la pièce n° 1, s'il ne se rencontrait dans son œuvre quelques vers faibles et prosaïques.

Malgré ces imperfections rachetées, je vous l'ai dit, par des qualités sérieuses, votre Commission vous propose d'accorder à l'auteur de *La vieille France* une mention honorable.

D'une facture qui a beaucoup d'analogie avec celle de la pièce précédente, le poème intitulé *Les Cygnes*, offre néanmoins des qualités qui l'ont fait regarder par votre Commission comme devant lui être préféré.

Dans trois tableaux qu'il appelle des toiles et qui forment les divisions de son ouvrage, l'auteur s'attache à montrer, si nous avons bien discerné sa pensée quelque peu obscure, que le sceptre de la beauté est le seul qui n'ait rien à craindre des diverses révolutions qui peuvent agiter le monde.

La première toile que votre Commission a regardée comme la moins bonne des trois, transporte le lecteur en plein bois de Boulogne, près du lac et de la cascade.

C'est là que l'auteur place son cygne après nous avoir fait assister à la transformation de ces nouveaux jardins d'Armide.

Certes, même dans cette partie, nous rencontrons quelques beautés, des images agréables que vous n'avez pas oubliées et que le public appréciera comme vous, mais à côté de cela nous trouvons encore des épithètes malheureuses, des phrases qui semblent faites moins pour exprimer des idées, que pour allier des mots sonores. Comment juger avec moins de rigueur les passages suivants ?

« Dieu de ses mains fécondes
« Avait créé le cygne ; et *de ses calmes ondes*
« Lui livrant *les flots citadins*
« Comme une nef altière à la blanche voilure,
« L'homme a dit à l'oiseau de servir de parure
« Aux eaux qui baignent ses jardins. »

Que pensez-vous, Messieurs de *ces calmes ondes et de ces flots citadins ?*

Allons plus loin :

« Qui jamais eut prédit, dans des *pages rêveuses*
« Que le *Bois de Boulogne*, en Eden transformé,
« Comme un riant miroir, dût, pour Paris charmé,
« Jeter l'azur des flots sur ses steppes poudreuses ? »

Votre Commission, Messieurs, n'a pas cru que le Bois de Boulogne pût jamais entrer dans un vers quelque place qu'on lui fît ; et l'expression des *pages rêveuses*, n'a pas non plus conquis son admiration.

Aussi vous parlerai-je tout de suite de la seconde toile intitulée *Trianon* dans laquelle vous ne rencontrerez plus rien de semblable, mais au contraire des traits heureux, des antithèses bien choisies, des idées réellement élevées et surtout des expressions et des tournures vraiment poétiques.

Ici, du moins, la pensée se dessine, et ce que l'on avait vainement cherché dans la première partie saute aux yeux d'abord.

Ecoutez, Messieurs, le charmant tableau que je rencontre dès les premiers vers :

« D'une folâtre main, c'est ici, jeune reine,
« Qu'Antoinette venait, bergère souveraine,
« S'armer de sa houlette — Admis à cette cour,
« Les doux chantres des bois, phalange aérienne,
« Pour charmer la grandeur gazouillaient tour à tour,
   « Là glissaient sur l'onde sereine
« Les cygnes familiers, s'arrêtant en chemin
« Pour becqueter l'offrande accoutumée,
   « De la table royale épave parfumée
« Que leur tendait une si blanche main !

Changeant d'allure voyez comme plus loin la muse s'élève presque jusqu'au sublime et comme l'image suivante forme un saisissant contraste avec les vers qui précèdent :

« Je visitais un jour ce parc délicieux ;
« Du choc de Février le sol tremblait encore,
« Sous son bouclier tricolore
« La France bouillonnait glaive en main. Curieux
« Chaque peuple prêtait l'oreille,
« Et peut-être, ébranlant et la terre et les flots,
« Les strophes en fureur de l'hymne de Marseille
« Allaient se faire javelots ! »

C'est là, Messieurs, de la vraie poésie, et le temps seul me manque pour vous prouver que toute la partie intitulée *Trianon* renferme les mêmes perfections.

Peut-être eût il mieux valu pour l'auteur qu'il se bornât à ce tableau dans lequel ne se rencontrent aucune des défectuosités que nous avons été obligé de signaler dans le début de sa pièce.

Quelques images agréables, des descriptions bien entendues, mais moins d'idées élevées composent la troisième toile intitulée : *Marine flamande*, et dans laquelle se rencontrent des consonnances pénibles pour l'oreille comme dans le vers suivant :

» Souviens-toi, terre chère aux arts à l'harmonie

et cet autre qui rappelle les énumérations des dictionnaires géographiques

« Grâce pour eux Douai, Cambrai, Dunkerque, Lille. »

Ces défauts vous expliquent, Messieurs, comment il se fait que votre Commission, malgré les passages charmants que je vous ai cités plus haut, ne vous propose pour la pièce intitulée *Les Cygnes,* qu'une mention très honorable.

Sous le titre de *Aspirations et Souvenirs* se place une délicieuse rêverie sous forme d'épitre qui a pour épigraphe le vers d'André Chénier :

« C'était quand le printemps a reverdi les prés. »

L'auteur après avoir jeté un regard attendri sur ses jeunes années, compare à leur tranquillité les agitations de sa vie présente, et à leurs illusions le désenchantement qu'engendre la science de la vie, c'est à-dire la souffrance.

Prenant ensuite une résolution énergique il se prépare à revêtir l'armure guerrière pour combattre en faveur de la vertu et de la vérité.

Ces trois situations sont décrites dans des vers empreints de la plus douce émotion.

Moins pompeuse en la forme que les pièces précédentes, celle-ci a paru préférable à votre Commission d'abord, parce que l'on n'y rencontre nulle part les imperfections que nous avons dû relever tout à l'heure, et ensuite parce que la pensée se dégage sans peine des vers qui l'expriment sous une forme vraiment poétique.

Permettez-moi, Messieurs, de prendre au hasard, pour vous les citer, une strophe dans chacune des trois époques, si je puis m'exprimer ainsi, qui forment le poème.

« Heureux temps! heureux âge où la verve facile
« Me dictait tous mes vers à l'ombre de Virgile.
« L'Eglogue en souriant dansait sur le gazon,
« Je célébrais alors ou Ménalque ou Glycère;
« Et Daphnis, aux échos racontant sa chimère,
« Modulait jusqu'au soir l'amoureuse chanson.

« Non, je ne me plains pas de mon sort.... je n'envie
« Son bonheur à personne, à personne sa vie.
« Si Dieu pour m'éprouver stérilisa mes champs,
« Je rends grâces à Dieu de ses rigueurs divines
« Car les roses m'ont fait oublier les épines
« Car les bons cœurs m'ont fait oublier les méchants.

« Je sais comme il est doux d'égarer sa chimère
« Dans les bois enlacés d'ombres et de lumière,
« Dans les champs rejouis des trésors du printemps

« Mais quand l'humanité souffre et cherche sa route,
« C'est à nous d'éclairer et de guider son doute,
« Le poète est un phare aux rayons éclatants. »

N'avais-je pas raison de vous dire, Messieurs, que cette poésie était calme et sereine et qu'elle parlait à l'âme?

Pourtant, puisqu'il le faut, je vous indiquerai les légères imperfections que votre Commission a cru devoir y relever.

C'est ainsi que je vous signalerai des épithètes qui lui ont semblé cherchées pour la rime comme celle qui termine ces deux vers :

« Une tendre pitié vers le faible qui souffre
« Attire incessamment mon cœur affectueux »

Et enfin quelques rares expressions dont la forme poétique lui a paru laisser à désirer, comme la suivante :

« Mais le vers sombre oiseau ne bat plus que d'une aile. »

Vous voyez, Messieurs, à quel degré de sévérité votre Commission a dû s'élever pour classer les morceaux qu'il lui reste à vous faire connaître. Aussi croit-elle que vous ferez justice, en récompensant d'une médaille d'argent l'auteur de la pièce intitulée :

Aspirations et Souvenirs.

Sous le n° 17, un poème intime, *La fin du Voyage*, possède au suprême degré toutes les qualités que nous venons de reconnaître dans la pièce qui précède.

Même facture, même pureté de style, même fraîcheur d'idées, je me trompe tout cela est porté dans l'œuvre qui nous occupe presque jusqu'à la perfection.

L'action qui en fait le sujet est aussi simple que le ton général de cette œuvre, la voici en deux mots :

Après une longue absence pendant laquelle ses pieds se sont déchirés aux ronces du chemin, un jeune marin retrouve les lieux où s'est écoulée son enfance, il visite avec sa vieille mère les sentiers autrefois parcourus. La vue du ruisseau près duquel il avait si souvent joué, enfant, sous les yeux de sa mère lui rappelle les jours d'autrefois. Il s'arrête et dans des vers que la moindre analyse affaiblirait, il retrace les soucis de ses voyages.

Un jour l'orage grondait, la mort semblait toute prête à recueillir sa proie, lorsque mettant son âme tout entière dans une prière suprême il s'adressa avec foi à ce Dieu en qui sa mère l'avait appris à mettre son espoir. Il demandait pour seule faveur de revoir avant de mourir cette mère tant aimée.

« Dieu fait plier parfois sa loi pour ceux qu'il aime. »

Il exauça le vœu du fils pieux.

Mais il faut voir en quels termes tout cela est exprimé.

C'est, la poésie du lac de Lamartine avec quelque chose qui rappelle la façon d'André Chénier.

Vous serez de notre avis, Messieurs, lorsque vous aurez entendu la lecture de cette ravissante composition.

Faut-il vous dire, après cela que quelques membres de votre Commission ont découvert dans toute cette pièce deux épithètes qui leur ont semblé mises pour la rime, je veux parler des *rayons adorés de la lune*, et du *sentier respecté,* mais ce ne sont pas là des tâches, ce sont à peine des ombres qui font mieux ressortir encore la beauté des images répandues à profusion dans ce petit ouvrage.

Si votre Commission ne vous propose de décerner qu'une médaille de vermeil à l'auteur de :

La fin du Voyage,

c'est qu'elle aurait désiré voir compléter un peu le sujet, c'est qu'elle a regardé la pièce qui nous occupe plutôt comme un fragment que comme une œuvre achevée.

Mais en vous demandant pour lui cette récompense,

votre Commission voudrait faire entendre à l'auteur qu'elle espère dans un prochain concours pouvoir lui accorder mieux qu'une simple médaille.

La sympathie qu'a excitée la *Fin du Voyage*, l'unanimité du jugement que nous en avons porté prédisent de plus brillants succès à celui que les exigences d'un concours vous obligent à mettre aujourd'hui à la troisième place seulement.

La partie la plus difficile de notre tâche nous reste à remplir, Messieurs, puisque j'ai à vous entretenir de deux pièces dont l'une, une épitre, et l'autre, une fable, ont partagé pendant un certain temps les suffrages de votre Commission. Je n'ai pas besoin de vous dire, Messieurs, avec quelle joie nous nous sommes vus sur le point de vous demander deux lyres, loin d'avoir le regret comme dans certains concours passés de n'avoir à en décerner aucune.

Vous partagerez notre hésitation, Messieurs, quand vous entendrez, l'épitre intitulée *La poésie de l'Avenir* et l'apologue ayant pour titre *Deux Nids d'hirondelles* ou *La Fraternité*.

Dans la première de ces deux pièces, l'auteur suppose qu'un de ses amis lui écrit pour lui demander vers quels rivages il doit diriger sa barque poétique. Passant alors en revue tous les genres depuis le poème épique jusqu'à l'épigramme, il lui en montre et les avantages et les dangers, les préceptes et les exemples.

Ses traits sont vifs et mordants pour la Satyre, gracieux et légers pour l'Idylle, larges et pompeux pour l'Epopée.

Et cependant, Messieurs, c'est une épître dont la marche n'est ni embarassée ni précipitée, le poète poursuit sa revue sans que les transitions soient brusques ni les tableaux cherchés. On sent que, maître de son sujet, aucun obstacle ne l'arrête, que pour lui tous les genres sont indifférents parcequ'il les a tous étudiés.

Cette page, Messieurs, ne serait déplacée dans les œuvres d'aucun de nos maîtres célèbres et nous ne craignons pas d'ajouter que si son auteur fait de la poésie son occupation principale, sa place est marquée d'avance parmi les poètes les plus goûtés.

La grâce du début, l'originalité de la fin de son œuvre ne perdent rien à nos yeux de leur mérite, Messieurs, parcequ'Anacréon les aurait inspirées. Si en effet *La Colombe* du poète grec a pu n'être pas absente de la pensée de l'auteur quand il a écrit la pièce qui nous occupe, il faut reconnaître qu'il y a un vrai talent à savoir se souvenir à propos, pourvu qu'une forme nouvelle rajeunisse le sujet et transforme pour ainsi dire en conquête ce dont l'imitation servile eût fait un plagiat.

Je ne vous citerai aucun passage de cette œuvre, Messieurs, vous l'entendrez et vous direz avec votre Commission que jamais la médaille d'or n'aura été mieux méritée si vous adoptez les conclusions que j'ai l'honneur de vous proposer.

Je vous ai dit tout à l'heure que pendant quelques instants les suffrages de votre Commission s'étaient partagés entre la pièce précédente et celle qui a pour titre *Deux Nids d'hirondelles* ou *La Fraternité*.

C'est qu'en effet, quoique toutes différentes quant au genre, quant au style et surtout quant à la forme, ces pièces ont pourtant toutes deux des qualités éminentes qui en font deux joyaux dont vos recueils, Messieurs, pourront justement être fiers.

Faire des fables après La Fontaine peut à quelques uns paraître présomptueux. Votre Commission était encore imbue de cette pensée lorsque le poème des *Deux Nids* lui a été présenté, mais à mesure qu'elle avançait dans son étude, sa prévention se dissipait et la lecture terminée, elle s'est dit que La Fontaine n'était pas mort tout entier puisqu'il a laissé des disciples.

Ecoutez-la tout à l'heure, Messieurs, cette fable pour laquelle nous vous proposons la plus enviable de vos récompenses, et vous nous direz si La Fontaine ne revit pas dans ces vers charmants qui composent le petit drame intitulé : *Deux Nids d'hirondelles.*

Le sujet en est simple et touchant à la fois. Dans l'impossibilité où je me trouve de détacher la moindre partie de ce tout indissoluble, je crains de paraître abuser de votre confiance en vous disant qu'il ne s'agit ici que d'un nid d'hirondelle renversé par le vent et que toute la colonie reconstruit en commun.

Et pourtant, Messieurs, rien n'est plus vrai, il n'y a pas autre chose dans les trois cent quarante vers qui composent le poème. Le poète, il est vrai, est obligé de reconnaître que pour arriver à son sujet il prend le chemin suivi par le *Bonhomme* pour aller à l'académie, c'est-à-dire le plus long.

Cette diffusion qui permet à l'auteur de toucher à tout un peu, comme faisait son maître, avait inspiré quelque défiance à votre Commission, mais, après un sérieux examen, nous en sommes venus à ce point, que nul de nous n'a pu se décider à indiquer un seul vers qui dût être retranché.

Chaque phrase est un trait et chaque trait complète un des nombreux tableaux qui abondent dans la pièce.

Il y a comme chez le poète dont l'auteur a fait l'objet de son culte et de ses études, les pensées les plus élevées déguisées sous la simplicité du style. Il y a en un mot l'air Bonhomme qui était le propre de cet enfant gâté des muses qu'on appelait La Fontaine.

L'apologue, a-t-il dit lui-même, se compose de deux parties : l'âme et le corps.

Le corps nécessairement simple et borné, l'âme immense et pouvant embrasser les conceptions les plus étendues.

N'est-ce pas ce que nous trouvons ici ?

A chaque pas un précepte, à chaque vers un point de vue nouveau qui pourrait à lui seul faire le sujet d'un poème.

Sûr d'arriver au but qu'il s'est marqué, le poète a laissé son esquif voguer le vent de la fantaisie en poupe.

Aussi ne se plaint-on que d'une chose, c'est de trouver trop tôt le port.

Cependant croyant faire honneur à l'un et à l'autre de ces deux derniers poèmes, je vous ai dit nos incertitudes et nos hésitations. Elles n'étaient pas dissipées, lorsque l'un de nous dont l'érudition n'a d'égal que notre confiance en ses lumières, leva tous nos doutes en nous relisant ce que vous disait en 1833 un de nos anciens collègues qui a laissé tant et de si précieux souvenirs dans notre société, je veux parler de M. Fidèle Delcroix.

Permettez-moi de vous rappeler aussi les motifs que dans une pareille occurence, la Commission dont il était le rapporteur eut pour se décider en faveur d'une légende composée par M. Henri Carion.

« Malgré notre embarras, dit il, nous ne tardâmes
« point cependant à nous trouver d'accord : un troi-
« sième compétiteur avait paru. A l'avantage d'offrir une
« action intéressante et assez habilement nouée, celui-ci
« réunissait le mérite d'un style gracieux, facile, trop
« facile, peut-être, laissant désirer plus de force, et qui,
« parfois, garde des négligences, mais plein de cet
« abandon naïf d'où s'échappe souvent quelque trait
« spirituel et fin, et dont l'auteur semble avoir puisé le
« secret à l'école de La Fontaine et dans nos vieux fa-
« bliaux. »

Je n'aurais rien su trouver, Messieurs qui exprimât aussi parfaitement la pensée de tous, votre Commission espère donc que comme en 1833 les conclusions de M. Fidèle Delcroix seront adoptées et que vous décernerez la lyre d'argent à l'auteur de l'apologue intitulé :

Deux Nids d'hirondelles ou *La Fraternité.*

Et maintenant, je vous le demande, après les témoignages que je viens de vous fournir de son existence, n'avais-je pas raison de vous dire en commençant : Non la poésie n'est pas morte !

Permettez-moi, avant de terminer, Messieurs, de regretter pour vous que celui d'entre nous qui s'acquittait depuis plusieurs années et avec tant d'autorité de la mission que je viens de remplir, n'ait pu s'en charger cette fois. Vous y avez perdu, Messieurs, ces remarques judicieuses, ces observations pleines de sagesse et de lucidité que mon inexpérience est incapable de vous fournir et que vous admiriez chez lui.

Vous avez hâte, je le sens et il me tarde à moi-même d'entendre encore de la bouche de leurs auteurs les œuvres que j'ai essayé de vous faire apprécier ; je ne me tairai pas cependant sans m'excuser de l'apparente sévérité dont j'ai dû faire preuve en cette circonstance. Que vos lauréats me la pardonnent en se rappelant que je n'ai été que l'écho de votre Commission et aussi en se souvenant que, comme l'a dit Beaumarchais : « Sans la liberté de blâmer il n'est pas d'éloge flatteur. »

www.ingramcontent.com/pod-product-compliance
Lightning Source LLC
Chambersburg PA
CBHW060635050426
42451CB00012B/2611